A Monsieur Léopold Delisle
de l'Institut

hommage respectueux et dévoué
[illegible]

LE COMITÉ

DES

TRAVAUX HISTORIQUES ET SCIENTIFIQUES

(HISTOIRE ET DOCUMENTS)

Par le Comte d'ESTAINTOT

A. LESTRINGANT
LIBRAIRE DE LA SOCIÉTÉ DE L'HISTOIRE DE NORMANDIE
11, rue Jeanne-Darc, 11,
ROUEN
—
1891

LE COMITÉ

DES

TRAVAUX HISTORIQUES & SCIENTIFIQUES

(HISTOIRE ET DOCUMENTS)

M. le Président a bien voulu me charger de vous présenter un rapport sur l'importante publication ayant pour titre : *Le Comité des Travaux historiques et scientifiques* (histoire et documents), par Xavier CHARMES (3 volumes in-4°, Paris, impr. nat. 1886), que le ministère de l'Instruction publique avait, l'année dernière, offerte à la bibliothèque de l'Académie.

Quelque lourd que fût le fardeau, il offrait de telles compensations, que je me suis mis à l'œuvre, et que je viens, un an après qu'elle m'a été confiée, vous en offrir les résultats.

I

La pensée qui a présidé à cette publication a été de célébrer d'une manière utile et efficace le cinquantenaire de la création du Comité, par M. Guizot, en 1834.

On a pensé que le meilleur moyen d'y parvenir était de réunir les documents de son histoire, et de les rapprocher des efforts analogues tentés dans la seconde moitié du siècle dernier.

C'est l'histoire de ces derniers efforts que je vais d'abord essayer de résumer. Ils se personnifient dans un homme, peu connu de vous peut-être, bien qu'il ait été décoré du titre d'historiographe de France, et cet homme fut l'avocat Jacob-Nicolas Moreau, auparavant conseiller à la Cour des aides et finances de Provence. Ce furent ses *Leçons de morale, de politique et de droit public*, publiées en 1775, qui lui valurent le titre purement honorifique que je rappelais à l'instant.

Moreau fut cependant une personnalité. Il eut d'abord ce mérite, à nos yeux tout au moins, de résister à l'engouement de son siècle pour les doctrines de la secte philosophique et encyclopédique et il ne se priva jamais d'en cribler les doctrines de ses traits les plus acérés. Adversaire acharné des utopistes, il ne comprenait l'histoire et la politique que basées sur l'étude exacte des faits, et toute sa vie il poursuivit la concentration et la réunion des documents originaux à l'aide desquels ces faits pouvaient être établis.

Chargé d'abord, comme avocat des Finances, de faire pour le ministère toutes les recherches nécessaires aux diverses parties de l'administration, il fit adopter le projet de formation d'une bibliothèque où seraient réunis tous les documents indispensables à ses études; « une collection de lois à laquelle on puisse avoir recours et qui, sur toutes les parties de l'administration, puisse donner lieu de comparer ou les anciennes règles aux abus présents ou même les anciens abus aux règlements qu'il sera nécessaire de publier. »

En 1761, il était déjà parvenu à collectionner 1,334 volumes de documents originaux, dont 140 manuscrits.

Ce premier dépôt fut transféré, en 1764, à la Bibliothèque du Roi.

Il conçut alors la pensée de la création d'un dépôt renfermant la plus grande partie des matériaux qui doivent entrer dans un cours complet de droit public, c'est-à-dire, suivant sa formule, « des notices de tous les faits et de tous les monuments historiques joints à une collection de toutes les lois ». C'était la mise en pratique de cette belle pensée de Montesquieu : « Il faut éclairer l'histoire par les lois, et les lois par l'histoire (1) ».

Ce dépôt, une fois constitué, devait devenir un centre de réunion pour les savants comme Foncemagne, Brequigny, Sainte-Palaye.

Évidemment, comprendre ainsi l'histoire, remplacer l'hypothèse par l'étude des faits, c'était demander, aux utopistes du XVIIIe siècle, une prudence d'investigations et une patience de labeur au-dessus de leurs forces. Il s'est d'ailleurs trouvé à notre époque un grand historien pour expliquer et légitimer presque, par une sorte de manifestation qu'il qualifie même de providentielle, cette singulière manière de faire progresser l'humanité. Augustin Thierry, auquel je fais allusion, n'a pas reculé

(1) Montesquieu, L. XXXI, ch. 2.

devant cette énormité : « Il fallait que cette histoire fût dédaignée ou faussée pour que l'opinion publique prît son élan vers les réformes dont le but final était marqué dans les décrets de la providence (1) ».

Moreau eut donc cette conception, originale à coup sûr pour son temps, et qui n'a commencé à se vulgariser que de nos jours, de vouloir baser l'étude de l'histoire, non sur des systèmes préconçus, mais sur des faits historiques étudiés avec soin, dont son dépôt, sorte de cabinet d'histoire naturelle, devait conserver les spécimens. « Notre droit public, une fois basé sur des faits et des monuments avoués, sera, disait-il, plus à l'abri que jamais des vicissitudes que produit l'arbitraire et des altérations qu'amènent insensiblement les systèmes des partis ».

Mais il eut, en outre, la satisfaction de faire partager ses idées au Ministre des finances d'alors, le contrôleur général Bertin, qui, s'en inspirant à son tour dans son mémoire au Roi sur les dépôts et collections de chartes (1774), proclamait ces principes que nous ne désavouerions pas aujourd'hui : « Le droit public d'un État n'est autre chose que l'histoire de sa constitution combinée avec les principes de droit naturel que Dieu donna à toutes les sociétés. L'histoire et le droit public d'une nation sont appuyés sur des monuments. Il a fallu les rassembler pour connoître et il étoit nécessaire de connoître avant que d'agir. En matière de gouvernement, la connoissance des faits étoit même d'autant plus im-

(1) *Récits des Temps Mérovingiens*, in-8°, ch. III, 64-65.

portante que l'on a toujours vu les grandes erreurs être les avant-coureurs des grands désordres et que ceux qui ont voulu tromper les États ont toujours commencé par tromper les peuples ».

Ces paroles quasi prophétiques sont-elles moins vraies aujourd'hui qu'il y a cent ans?

La formation du dépôt proposé par Moreau rencontrait un précédent dans le projet que, dès 1746, Sainte-Palaye, Foncemagne et Secousse, avaient inspiré au contrôleur général Machault, de former un catalogue chronologique des chartes relatives à l'histoire de France dispersées dans un grand nombre d'ouvrages.

C'était un foyer de recherches déjà acquis; Moreau demanda qu'on le rendit plus actif, au moyen de réunions hebdomadaires en forme de conférences tenues par ces savants, et il proposa de leur adjoindre un Normand, dont le nom va désormais se trouver étroitement mêlé à tous les efforts tentés pour asseoir, sur une base indiscutable, l'histoire vraie du pays, nous voulons parler de Feudrix de Bréquigny.

Bertin comprit l'importance de ce plan et il l'approuva. Il sollicita même et obtint la collaboration de la Congrégation de Saint-Maur, dont la coopération devait assurer un nouvel éclat à l'œuvre scientifique des fils de Saint-Benoît.

La réponse de la Congrégation porte la date du 27 juillet 1762.

Les religieux, reprenant la pensée ministérielle, insistaient sur «l'utilité que devait offrir pour l'histoire nationale le dépouillement des chartriers des grandes abbayes et des grandes seigneuries de province, et sur l'avantage qu'il y aurait à charger de ce dépouillement une Société littéraire répandue par tout le royaume et qui ne demandait point d'autre prix de ses travaux que l'honneur de les entreprendre et l'avantage de les conduire à leur perfection ».

La Congrégation s'offrait naturellement pour être cette Société littéraire et indiquait, non sans un légitime orgueil, les raisons qui lui permettaient de remplir ce rôle.

« Elle a dans son sein une foule de religieux accoutumés à débrouiller le cahos des titres ; plusieurs, actuellement occupés à la composition de différentes histoires de provinces, ont déjà dépouillé un grand nombre de dépôts publics et y ont puisé des lumières nécessaires à leur travail. Ils ont entre les mains les matériaux de tous les ouvrages qu'ils ont déjà donné au public sur l'histoire et sur la diplomatie, et tous ceux qui leur sont nécessaires pour leurs études actuelles.

« Indépendamment de ce premier avantage, nous sommes en état de distribuer des religieux savants et laborieux dans toutes les maisons de notre ordre, soit dans les villes, soit à portée de grandes seigneuries et des monastères où se trouvent des déposts de chartes et de monuments et par là nous pouvons couvrir toute la France de travailleurs qui ne couteront au Roi que quelques frais de voyages et de copistes, et qui auront presque sous la main toutes les richesses dont il est important pour Sa Majesté d'acquérir une connoissance exacte ».

Nous avons tenu à reproduire en entier ce passage de la réponse de la Congrégation; il met en lumière un côté peu connu des services que les Communautés de bénédictins pouvaient rendre au pays et à l'histoire.

On se mit donc à l'œuvre.

La première pensée de M. Moreau avait été de se contenter d'une notice sur les titres conservés dans les dépôts même privés.

Le contrôleur général Bertin, dans une note du 13 août 1762 (1), eut le mérite de signaler tout ce qu'une notice, sur des titres empruntés à des dépôts dont la conservation n'était pas assurée, offrait d'inutile et de dangereux : d'*inutile*, à cause de la variété que la rédaction de la notice emprunterait au caractère et aux tendances personnelles du rédacteur, et de *dangereux*, car elles deviendraient « une source d'incertitudes et de doutes, de fautes et d'erreurs, d'opinions diverses ou contraires » ; il posa et fit adopter le principe de la copie intégrale et fidèle qui, elle au moins, ne laissait subsister « d'autre incertitude que sur l'exactitude de la copie et sur la forme ou vérité du titre original » ; les notices furent réservées pour les chartes contenues dans les dépôts publics et cette distinction passa dans le projet d'arrêt du Conseil « relatif à la préparation d'un recueil général des chartes du royaume », et dans les notes envoyées à la Congrégation de Saint-Maur; elle fut définitivement consacrée dans l'*Instruction sur les recherches des chartes ma-*

(1) T. I. 41.

nuscrites, datée du 14 mai 1764, qui forme sur cette importante matière un véritable code que notre École des chartes ne désavouerait pas.

La limite des actes à transcrire était fixée au règne de Charles VI inclusivement (1380) et reportée, pour les actes d'une importance exceptionnelle, jusqu'à la fin du règne de Louis XIII.

La Congrégation de Saint-Maur envoya au Ministre les noms de ses collaborateurs, au nombre de dix-huit; nous distinguons, pour la Normandie, ceux de deux moines de l'abbaye de Fécamp : D. Jacques Lenoir et D. Jean Maheut.

On avait eu d'abord la pensée de ne faire de copies qu'après avoir envoyé à MM. Moreau et de Bréquigny l'indication des pièces trouvées, et avoir été renseigné par eux sur le point de savoir si ces documents n'étaient pas au nombre des chartes imprimées. Mais on s'aperçut bien vite des retards et pertes de temps qui résulteraient de cet échange de correspondances. La *Table chronologique des chartes et diplômes* n'était qu'en préparation. Le premier volume ne parut qu'en 1769, et les bénédictins n'eurent pas de peine à démontrer le peu d'inconvénient, voire même l'avantage, qu'il y avait à donner une nouvelle copie, avec toutes les précautions recommandées, d'un document imprimé très probablement sans qu'elles eussent été observées.

Bientôt la France fut jugée insuffisante comme champ d'observations.

Bréquigny, notre illustre compatriote, fut chargé, en 1764, de relever, dans les différents dépôts de Londres, les pièces qui concernaient la France. Deux lettres importantes, adressées par lui au ministre Bertin, aux dates des 8 octobre 1765 et janvier 1766, donnent le détail des fonds qu'il dépouilla : Greniers de l'échiquier, bibliothèques Cottonienne et Harléienne, British museum, dépôt des affaires des affaires étrangères, Tour de Londres, etc. Il en rapporta la copie de plus de 7,000 pièces, éclairant d'un jour nouveau l'histoire des provinces françaises occupées autrefois par l'Angleterre.

Lui-même, dans un mémoire lu en 1766 à l'Académie des Inscriptions, rend compte de la manière dont il a compris et exécuté sa mission.

Parmi les documents qu'il indique, je trouve, concernant la Normandie : « *l'État des fiefs de Normandie du temps de Guillaume le Conquérant,* » publié par Duchesne, mais d'une façon très imparfaite ; quelques lois de Guillaume le Conquérant qui nous conservent les premières traces de notre *Droit neustrien,* déjà imprimées plusieurs fois, mais toujours peu correctement, « parce que les éditeurs, de leur aveu, n'avaient pu obtenir de collation exacte de ce même livre rouge sur lequel je les ai transcrites, dit-il, avec la plus scrupuleuse fidélité. »

La Tour de Londres lui fournit aussi un recueil nombreux de pièces concernant la Normandie et plusieurs autres provinces, sans compter des révélations piquantes sur notre histoire nationale, comme les rectifications à la légende d'Eustache de Saint-Pierre, l'héroïque défenseur de Calais, que les documents retrouvés par

Bréquigny montrent comblé des bienfaits du roi d'Angleterre.

Dans un mémoire de 1768, il met en lumière les services que l'histoire générale et particulière peut attendre de ses recherches, et revient, en 1787, sur les travaux de classement opérés d'après ces titres. On y voit qu'il avait dressé un tableau du domaine et des mouvances du roi dans toute la Normandie, et dans cette partie de la France qu'au XIIIe et au XIVe siècles on appelait Guyenne.

Cependant, Moreau ne perdait pas de vue son inventaire des richesses historiques de France; seulement, comme sa grande préoccupation était d'y parvenir avec le plus d'économie possible, on avait divisé les fonds où les recherches pouvaient avoir lieu en quatre catégories :

La première, des dépôts appartenant au Roi : Chambres des Comptes, Bureau des finances, Hôtels de Ville;

La seconde, des archives des églises et corps ecclésiastiques et celles des seigneurs particuliers;

La troisième, des Parlements;

La quatrième, de la Bibliothèque du Roi, du Trésor des chartes et des collections particulières.

Pour la première, c'était bien simple; il n'y avait aucune de ces compagnies « dans laquelle on ne puisse trouver un ou deux magistrats honnêtes et laborieux qui seraient flattés d'une correspondance avec les ministres et d'un travail qui les mettoit à portée d'estre connu du roi, avec des motifs d'honneur et de gloire, disait Moreau, on fera tout ce que l'on voudra de la plupart » et il considérait comme une récompense suffisante « l'honneur d'une lettre un peu enivrante » écrite par le ministre.

Dans cette première catégorie de fonds, la seule chose à faire, c'était des inventaires.

Pour la seconde, au contraire, il fallait des copies, et des copies exactes. Mais là encore Moreau avait un moyen très économique : il faisait fonds sur les Bénédictins. Mêmes moyens d'ailleurs pour exciter leur zèle, combinés avec la retenue, à leur profit, de quelques pensions sur les abbayes de leurs ordres, pensions que le Roi n'avait que la peine de fixer au moment où il nommait aux bénéfices.

Et encore, dans la pratique, on pourrait rendre cette retenue de pension aussi peu onéreuse que possible. Moreau proposait, en effet, de décerner l'une des premières pensions à D. Prosper Tassin, qui venait de publier son traité de Diplomatique. Il avait alors plus de quatre-vingts ans. Moreau lui avait fait présenter son ouvrage au Roi. Ce sera « un exemple peu onéreux, ajouta-t-il ; vous ne paierez pas la rente un an ; mais cet événement me ferait trouver dix ou douze honnêtes gens qui se jetteraient dans la poussière des titres pour mon service ».

Il espérait que les mêmes procédés réussiraient auprès des Parlements, bien qu'on fût alors en délicatesse avec eux. Quant au Trésor des chartes la difficulté n'existait pas.

Mais Moreau fit plus, il songea à utiliser l'intelligence et la capacité des savants de province. Il s'en faisait donner les noms par les intendants, avec des annotations précises sur leurs aptitudes, leurs talents et même leur fortune.

De son côté, le ministre Bertin faisait appel à ses subdélégués.

C'était, on le voit, la même idée que celle qui a fait créer de nos jours les correspondants du Ministère.

De même aussi le Comité des travaux historiques était représenté dès lors par un Comité de douze membres, ayant fait leur principale étude de la diplomatique, du droit public et de l'histoire, nommés par le Ministre et se réunissant tous les quinze jours.

Toutefois, les économies excessives que Moreau imposait à tous ses correspondants ne furent peut-être pas sans influence sur le découragement qui parait avoir éclairci leurs rangs. Sur les dix-huit bénédictins annoncés en 1762, au bout de quelques années, on n'en comptait plus que huit et encore parmi eux D. Lenoir déclarait cesser sa collaboration au dépôt des chartes pour se consacrer exclusivement à l'histoire de la Normandie.

Les belles publications n'en commencèrent pas moins. En 1769, Bréquigny publiait le premier volume de la *Table Chronologique des Chartes et Diplômes*, le *Rymer français*, comme l'appelaient ses auteurs ; le Comité ou la conférence des chartes, présidé par le Garde des sceaux, et composé alors de Bertin, du marquis de Paulmy, de Moreau, Bréquigny, D. Clément, D. Grenier, D. Labat, D. Lièble, D. Poirier et D. Turpin était chargé de surveiller cette publication.

Un travail considérable était entrepris pour compulser les richesses que pouvaient offrir le Trésor des chartes et les registres du Parlement. Houard, notre compatriote, était signalé parmi les plus utiles correspondants de Moreau.

La Congrégation de Saint-Vanne venait à son tour offrir le concours de ses bénédictins les plus laborieux, sous la direction de D. Berthod ; la Porte du Theil était chargé, en 1776, d'explorer les archives et les bibliothèques de Rome, et, après un séjour de huit années, il résumait les résultats obtenus dans un mémoire très intéressant à parcourir, où il constate le relevé de 20,000 articles opéré soit à la bibliothèque du Vatican, soit à celle des Pères de l'Oratoire et des princes Corsini et Chigi, soit surtout aux archives de Saint-Pierre et du château Saint-Ange, parmi lesquels la correspondance des Papes d'Innocent III à Boniface VIII. Les six premiers pontificats du XIIIe siècle ne lui avaient pas fourni moins de 5,000 lettres concernant la France.

Grâce à ces concours si divers, le dépôt des Chartes comprenait, en 1780, 25,000 pièces copiées, sans compter 5,000 envoyées de Rome : le tout provenant de vingt-neuf dépôts. On s'occupa d'en rédiger la table.

En 1781, le dépôt des chartes fut réuni à la bibliothèque des finances pour former une seule institution sous le titre de : *Bibliothèque et dépôt de législation, histoire et droit public,* mais le tout fut placé sous la direction du garde des sceaux.

C'était la réalisation du plan depuis si longtemps caressé par Moreau, qui voulait, par cette création, constituer « un moyen sûr et facile de rappeler sans cesse à la législation actuelle et l'ancienne tradition des lois qu'elle doit consulter et la chaîne continuelle des faits qui peuvent la guider (1) ».

Le Contrôle général des finances essaya vainement, à diverses reprises, de faire revenir sur une mesure qu'il considérait comme une spoliation. Elle fut définitivement maintenue par arrêt du Conseil du 10 octobre 1788.

Aussi est-on obligé de reconnaître que, si la pensée de Moreau n'était pas exclusive d'un intérêt personnel et de la création, à son privé profit, d'un véritable « département » administratif et littéraire, au moins confondait-il dans sa pensée l'intérêt de la science et celui de l'administration.

« Le service que le dépôt rendra aux savants, écrivait-il en 1788, sera de leur présenter, rangés dans un bel ordre et avec des tables de toute espèce, des copies exactes de toutes les chartes dont les originaux, renfermés dans les dépôts particuliers, soit des églises, soit des grandes terres, peuvent plus facilement être négligés ou dispersés ou même détruits ; si une pareille collection devenait un jour à peu près complète, on ose dire qu'il n'y auroit presque point de province dont on ne put baser le droit public et les usages sur des faits

(1) P. LVI.

constans, et point de faits importans dont le ministère et les savans ne puissent se procurer la preuve (1) ».

Moreau songeait en même temps à étendre les attributions du Comité des chartes; non seulement, son influence s'exerçait sur tous les grands travaux d'érudition de l'époque : *Journal des Savans, Recueil des Ordonnances des Rois de France, Nouvelle Collection des Conciles, Rymer français, Catalogue des chartes imprimées, Lettres d'Innocent III,* il en augmentait le personnel en y adjoignant le marquis de Pastoret, la Porte du Theil et D. Brial ; il le complétait, enfin, en mars 1787, en donnant la consécration officielle à l'adjonction de correspondants de province, dont les noms, tous à retenir, figurent dans une liste dont voici l'intitulé : *Liste des personnes qui partagent les travaux ordonnés par S. M. pour la recherche et la collection des monumens de l'histoire et du droit public de la monarchie Françoise.*

Nous relevons seulement parmi les correspondants, le nom de D. Lenoir, historiographe de la province de Normandie, pour la Normandie et le pays chartrain.

Tous ces efforts si intéressants se soldaient au budget par un prélèvement annuel de 66,787 fr. 10 ; encore est-il juste de retenir qu'il y avait dans ce chiffre près de 40,000 fr. de traitements, et qu'à lui seul Moreau émargeait pour 21,000 livres.

La Bibliothèque de législation, histoire et droit public, avait ainsi fini par constituer un fonds des plus impor-

(1) P. LVI.

tants. M. L. Delisle, dans son travail si complet sur le *Cabinet des manuscrits* à la Bibliothèque nationale; M. A. Charmes dans le volume que nous examinons en ce moment, et qui s'approprie les renseignements fournis par Moreau lui-même à l'Assemblée nationale, en 1790, en signalent tout l'intérêt.

Le dépôt des chartes à lui seul contenait 400 cartons et 50,000 copies de chartes puisées dans différents fonds, 221 chartes originales sur les Pays-Bas, 799 titres achetés à Blondeau de Charnage; les collections de Courchetet d'Esnans sur la Franche-Comté et les Pays-Pas (113 volumes).

Le dépôt de législation comprenait les bibliothèques de Sainte-Palaye (3,162 volumes imprimés et 126 manuscrits); de Moreau (12 à 1,500 volumes d'histoire et droit public); 89 portefeuilles et 41 registres de Fevret de Fontette sur l'histoire de Bourgogne, acquis en 1780 du marquis de Paulmy; 293 volumes des registres du Parlement, copies des *Olim* et des *Judicata;* une collection des Ordonnances, déclarations, édits, lettres patentes, 38 volumes et 9 cartons de registres de finances, acquis de Genée de Brochet en 1783; enfin la collection relative à l'administration des finances formée par le Contrôle des finances.

La seule collection des Édits, arrêts et règlements était évaluée à plus de 300,000 pièces, et la table qui en a été dressée par Moreau-Dufourneau comprend 36 volumes in-folio (1).

(1) N. 1386 à 1426 de la collection Moreau. Bibl. nat.

Tout cela allait être remis à la bibliothèque du Roi par un décret du 14 août 1790.

Son sort était dès lors fixé, et nous n'avons plus à nous en préoccuper, mais seulement à suivre, avec M. X. Charmes, la reconstitution de l'œuvre de Moreau, mise en grand péril, pendant la période révolutionnaire, par l'application des fameux principes de triage, édictés par la loi du 7 messidor an II, qui faisait quatre parts des papiers sequestrés par la nation — les titres historiques — les pièces ayant une utilité pour les domaines nationaux ou l'administration — les papiers inutiles — enfin les titres rappelant la tyrannie et la superstition. Les deux premières seules devaient être conservées; la troisième devait être vendue ou consacrée aux arsenaux; la quatrième devait être brûlée solennellement.

M. X. Charmes reconnaît avec justice que cette loi néfaste a fait à nos archives un mal considérable, et il s'élève, avec le marquis de Laborde, contre le principe du triage, qui était la négation fondamentale des archives; il y insiste avec d'autant plus d'énergie que, pendant un trop grand nombre d'années, ce principe funeste a continué à régir le classement de nos archives nationales, et a été le point de départ de ces fameuses séries de *monuments historiques* obtenues grâce à la dislocation des différents fonds, pour répartir les documents dans des catégories plus ou moins artificielles; et si l'on invoquait, pour justifier le procédé, les classements de l'ancien Comité des chartes, il serait facile de répondre qu'à l'époque où il fonctionnait, il ne s'agissait pour lui que d'un dépôt de copies, choisies par ses correspondants dans des fonds qui conservaient leur intégrité; que dès lors il était tout naturel de classer ces copies suivant un ordre méthodique ou chronologique. M. X. Charmes fait toucher du doigt les vices de cette méthode, et le désordre qui s'en est suivi pour les recherches à faire dans nos archives nationales (1). La comptabilité et les titres de fondation de rentes de tous les établissements religieux supprimés furent placés dans la série H; tous les titres jugés historiques des mêmes établissements dans les séries L et M; les titres domaniaux passèrent dans la série S. Il est assez triste d'avoir à constater que si la méthode de triage n'a pas porté tous ses fruits, c'est à raison de l'immensité de la besogne qui a obligé de laisser intacts un certain nombre de fonds; aussi notre auteur n'est-il pas éloigné de considérer l'application de ce système comme aussi funeste pour les archives qu'a pu l'être la destruction révolutionnaire elle-même.

Nous allons assister maintenant à la reconstitution progressive d'un ensemble de mesures administratives destinées à sauvegarder le passé.

Ici nous voulons être plus bref, n'ayant pour ainsi dire qu'à fixer des dates pour rappeler des souvenirs encore présents à l'esprit du plus grand nombre des membres de l'Académie.

(1) P. C.

II

Plaçons en première ligne la reconstitution du *Comité des travaux historiques et des monuments*, qui se place aux dates de 1834 et 1835 et est due à l'initiative de M. Guizot, ministre de l'Instruction publique. Notons que dans ce Comité de huit membres figuraient deux Normands, MM. Vitet et Le Prevost, dont les noms, celui du dernier surtout, nous sont particulièrement chers.

L'un des premiers et des plus utiles effets de l'influence du nouveau Comité fut d'appeler l'attention sur le classement des archives départementales, absolument négligées jusqu'ici par le ministère de l'Intérieur, dans la dépendance duquel elles étaient placées. Une commission des archives fut créée en mai 1841, et deux de ses membres attachèrent leur nom aux circulaires qui allaient désormais en fixer le sort, j'ai nommé M. Natalis de Wailly pour celle du 24 avril 1841, qui concernait les archives anciennes, et M. Gadebled pour la partie administrative. C'en était fait de la méthode de triage, désormais les classements allaient avoir lieu par fonds. Cette circulaire fut complétée par celle du 20 janvier 1854, qui a mis fin à l'inventaire en bloc des liasses et des registres, et a imposé aux archivistes l'obligation d'analyser tous les titres sans exception.

Ai-je besoin de rappeler encore qu'en cette occasion notre département a été des plus favorisés, et ai-je à citer un nom, qui est présent à notre souvenir à tous.

Les remarquables inventaires de M. de Beaurepaire sont dans les mains de tous ceux que préoccupent les recherches du passé, et seraient d'un usage bien plus pratique encore, si des économies administratives avaient permis la publication des tables que notre confrère a eu la patience de préparer et qu'il met obligeamment à la disposition de tous ceux qui ont intérêt à les consulter.

Un nouveau service, l'inspection générale des archives départementales, communales et hospitalières a été créé par décret du 21 février 1853, et c'est à lui que l'on doit les deux circulaires de 1854 et de 1857 sur le classement des archives hospitalières et des archives communales antérieures à 1789.

Est-ce à dire que rien ne soit plus à faire, qu'un oubli n'ait pu se produire, et nous sera-t-il permis de signaler la lacune qui existe encore en ce qui concerne les archives judiciaires. Elles ont échappé jusqu'ici, on se demande pour quel motif, à ce grand mouvement de concentration et de surveillance. M. X. Charmes en signale un exemple tristement curieux, celui de ce président de tribunal, en plein second empire, vendant les archives du Bailliage, parce qu'elles encombraient son greffe. Il y a là évidemment un complément de mesures à adopter, et nous le signalons d'autant plus volontiers, que M. X. Charmes semble avoir omis de le faire.

Jusqu'ici, nous n'avons parlé que des archives. La sollicitude gouvernementale va s'étendre aux monuments qui n'avaient pas moins besoin de protection que les parchemins. Mais c'est bien là une idée toute moderne et qui n'aura rien à emprunter au passé.

Chose qui peut surprendre au premier abord, on en trouve le point de départ dans une circulaire du premier empire, adressée en mai 1810 par le comte de Montalivet, ministre de l'Intérieur. Il appelait l'attention des préfets sur la situation des anciens châteaux, des anciennes abbayes, et sur le sort éprouvé par les monuments qui se trouvaient dans chacun d'eux. Il sollicitait l'indication de correspondants avec lesquels on pût se mettre en rapport sur ces différents objets.

Reprise en 1818 par l'Académie des inscriptions et belles-lettres, à l'instigation du comte de Laborde, la même pensée inspira l'envoi d'une instruction qui a pu servir de modèle à celles que le ministère rédigea ultérieurement et provoqua la rédaction de mémoires importants, émanés de 41 départements : 39 sur 86 s'étaient distingués en n'adressant aucun rapport. Notre département ne dut pas être de ce nombre, car, dès 1818, le comte de Kergariou, préfet de la Seine-Inférieure, créait une Commission départementale des antiquités, réorganisée en novembre 1821 par le baron de Vanssay, son successeur, et deux membres de l'Académie ont pris soin de rappeler les services que cette Commission a rendus dans deux publications : la première, datée de 1823, et due à la plume de M. Le Prevost; et la seconde, datée de 1862, due à celle de M. Ballin.

J'y insiste d'autant plus volontiers que M. Charmes, qui parle des commissions archéologiques fondées dans d'autres départements, paraît avoir ignoré l'existence de la nôtre, malgré les services qu'elle a rendus, et qu'elle rend encore chaque année par la publication périodique de ses Bulletins, désormais assurée grâce aux crédits que lui accorde l'intelligente initiative du Conseil général.

L'Académie des inscriptions renonça bientôt à centraliser ce mouvement, et une circulaire ministérielle du 3 avril 1824 invita les préfets à cesser, jusqu'à nouvel ordre, toute la correspondance relative à la recherche des antiquités, les mémoires envoyés à l'Académie « paraissant devoir être plus que suffisants pour la rédaction de l'ouvrage » qu'elle se proposait d'élever aux antiquités de la France.

Heureusement, l'œuvre devait être reprise par les Comités établis près du ministère de l'Instruction publique.

Avant de parler de leur action, disons un mot de leur constitution et de leurs transformations successives.

Nous avons déjà donné la date des deux comités créés en 1834 et en 1835 par M. Guizot.

Le 18 décembre 1837, M. de Salvandy les transformait en cinq comités nouveaux, calqués sur les cinq classes de l'Institut, et rattachés à chacune d'elles :

Le premier, de la langue et de la littérature française ;

Le second, de l'histoire positive ou des chroniques, chartes et inscriptions ;

Le troisième, des sciences ;

Le quatrième, des arts et monuments ;

Le cinquième, des sciences morales et politiques.

En 1840, nouvelle modification. M. Cousin réunit quatre sections en une section unique, sous le titre de *Comité pour la publication des documents écrits de l'histoire de France,* ne laissant subsister à côté que celui des *Arts et monuments.*

En 1852, nouveau titre, imaginé par M. Fortoul, la philologie devient l'inspiration dominante du Comité : *Comité de la langue, de l'histoire et des arts de la France.* Ce qu'on cherche avant tout, ce sont les manifestations du génie populaire que le ministre se proposait de réunir dans une publication officielle, sous le titre de *Recueil des poésies populaires de la France.*

En 1858, le ministère Rouland, par son arrêté du 22 février 1858, redonne au Comité une vie nouvelle en le divisant en trois sections ; 1° histoire et philologie; 2° archéologie; 3° sciences, et en affirmant son unité par son titre : *Comité des travaux historiques et des sociétés savantes,* ces derniers mots répondant à une pensée ministérielle déjà ancienne, et sur laquelle nous insisterons dans un instant.

Après l'Empire, le nom du Comité change ; il prend, sous le ministère Jules Simon, en 1871, le titre de *Comité des travaux historiques et scientifiques* qui préludait déjà à la création faite, en 1882, par M. J. Ferry, d'une nouvelle section, celle des *Sciences économiques et sociales*; elle fut administrativement consacrée par l'arrêté du 12 mars 1883, qui divisait le Comité en cinq sections; la troisième section donnait naissance à trois sections nouvelles : 1° sciences économiques et sociales; 2° sciences mathématiques, physiques, chimiques et météorologiques ; 3° sciences naturelles et géographiques.

Cette division ne fut même pas définitive ; le 3 novembre 1885, les sciences naturelles furent réunies aux sciences mathématiques, et la dernière section, purement consacrée à la géographie, devint la section de *géographie historique et descriptive*.

Ajoutons que la création d'une commission administrative, composée des présidents et de quelques membres de chaque section, maintient l'unité d'esprit et de direction du Comité.

C'est peu d'avoir parlé de ses formes diverses, je voudrais maintenant esquisser au moins les résultats obtenus par son intervention.

M. Guizot, qui exerça une influence si puissante sur la rénovation des études historiques de la première moitié de ce siècle, se retrouve encore à l'origine du Comité et le marque de son empreinte.

Dans son rapport au roi, de novembre 1833, il manifestait déjà la pensée de faire dresser un inventaire complet, un catalogue descriptif et raisonné des monuments de tous les genres et de toutes les époques qui ont existé ou qui existent encore sur le sol de la France ; aussi créait-il les deux comités dont nous avons parlé, le second devant être spécialement chargé de concourir, sous la présidence du Ministre, à la publication des monuments inédits des sciences et des arts, considérés dans leur rapport avec l'histoire générale du pays.

Dès cette époque se manifeste la pensée, suivie depuis d'une façon persévérante, d'utiliser les efforts et le dévouement des Sociétés savantes de province, et de faire du ministère de l'Instruction publique le centre de relations étroites entre elles et le Comité central.

L'une des formes les plus caractérisées de cette bienveillance fut la subvention de 10,000 fr. en leur faveur, inscrite pour la première fois au budget de 1840, sur la proposition de M. de Salvandy, et c'est de cette époque que datent les facilités d'échange des publications périodiques des Sociétés sous le couvert du ministère.

Au budget de 1847, un chapitre spécial fut ouvert aux Sociétés savantes et le crédit fut porté à 50,000 fr.

Bientôt, sous M. de Parieu, va apparaître le rôle du *Bulletin* du Comité, comme trait d'union des Sociétés savantes, dont il devenait l'organe collectif; en 1854, M. Fortoul le publia sous le titre de *Bulletin des Sociétés savantes*, en lui donnant pour objet de présenter le compte rendu aussi complet que possible des mémoires publiés par les Sociétés (1). Aussi, chaque Société était-elle invitée à envoyer chaque année deux exemplaires de ses publications avec les programmes de ses prix. Ajoutons qu'à l'expression de cette pensée, dont la réalisation resta à peu près à l'état embryonnaire, se joignait cette singulière prétention de placer les Sociétés dans la dépendance des recteurs et d'en faire des accessoires des Facultés. M. Charmes remarque, avec infiniment de raison, que « c'était méconnaître entièrement la nature des Sociétés. Elles n'ont rien

(1) P. CLIX.

d'universitaire; leur indépendance et leur autonomie doivent être absolues; si elles sont liées au ministère de l'Instruction publique, c'est par un échange de services et non par une sujétion quelconque (1) ». Nous insistons sur cette appréciation absolument juste, que tous les ministères feront bien d'avoir présente à l'esprit, à peine de tarir dans leur source ces services mêmes que peuvent rendre les Sociétés savantes de province, toujours un peu ombrageuses, ce qui nous semble une qualité, au point de vue de leur indépendance.

Les réformes tentées par M. Fortoul furent absolument stériles. De là la modification tentée par son successeur, M. Rouland, et la création de la *Revue des Sociétés savantes en* 1858.

Cette revue avait, dans la pensée du ministre, une double portée : « ouvrir une tribune aux érudits de province, leur fournir un public, leur permettre de faire profiter la France entière de leurs savantes recherches. » Une analyse bienveillante et sérieuse devait y résumer tous les travaux des sociétés et signaler les ouvrages ou mémoires importants publiés sur tous les points du pays. « Ce sera, disait M. Rouland, une statistique intellectuelle des départements, rédigée chaque mois, sous les auspices du ministère de l'Instruction publique (2) ». Ajoutons encore que les portes des séances des diverses sections du Comité devaient s'ouvrir aux membres des bureaux de Sociétés présents à Paris, au

(1) P. CLX.
(2) P. CLXV.

même titre qu'aux correspondants attitrés du ministère.

Mais M. X. Charmes fait encore toucher du doigt les causes d'insuccès de la *Revue*, dues d'abord, suivant lui, au peu de place réservé à la publication des documents inédits, et, de l'autre, au caractère persistant de l'ingérence universitaire qui tendait à faire des professeurs de facultés, « les juges et quelque peu les *pédagogues* des Sociétés savantes (1) ». Je retiens le mot, qui est de M. Charmes, et me paraît absolument justifié. Il y a à cet égard une circulaire typique du ministre de l'Instruction publique. Les professeurs de facultés sont chargés d'analyser, *provoquer* et *stimuler* l'activité intellectuelle des Sociétés savantes. Comme c'était mal connaître cette susceptibilité légitime à laquelle je faisais tout à l'heure allusion. Je note du reste une phrase dans une de ces circulaires ministérielles (2), c'est celle où le ministre, recommandant aux professeurs d'entrer dans les Sociétés, leur conseille « de ne pas oublier les obligations que leur impose leur titre de fonctionnaires et de se garder de s'associer à certains projets qui ont pour but d'enlever à l'État toute influence sur les Sociétés savantes ». N'est-ce pas bien caractéristique?

M. Rouland fit plus; il créa le Congrès annuel des Sociétés savantes à la Sorbonne : créa est exact en un sens, car jusqu'ici l'État n'avait rien fait de semblable. Mais ne peut-on pas dire jusqu'à un certain point qu'il

(1) P. CLXVI. — V. la circulaire de M. Rouland aux recteurs, t. II, p. 181-182.

(2) T. II, p. 189.

y avait une autre pensée, celle de frapper une tentative rivale, qui avait le tort peut-être d'être indépendante et de ne relever que de l'initiative privée, et le tort plus grand sans doute, aux yeux du gouvernement d'alors, d'avoir obtenu un réel succès. Je veux parler de l'*Institut des Provinces*, créé par un Normand, dont le souvenir est toujours présent à notre pensée, et dont la médaille aurait quelque droit d'être exposée dans notre salle de séances, ce savant et énergique Arcisse de Caumont, le fondateur de l'*Association normande*, de la *Société française d'archéologie*, le créateur, dans notre province, de la science archéologique, qu'il a puissamment vulgarisée par ses publications et ses congrès. L'Académie lui doit bien un souvenir affectueux, car il l'avait, dans son testament, associée à une fondation malheureusement restée à l'état de projet. J'ai quelque regret que M. X. Charmes, dans son ouvrage si complet et si remarquable d'ailleurs, n'ait pas cru devoir rendre cet hommage mérité à notre éminent compatriote.

Le Congrès des Sociétés savantes de M. Rouland se complétait par la distribution de trois prix annuels de 1,500 fr., décernés aux Sociétés qui présenteraient les meilleurs mémoires imprimés ou manuscrits, sur des questions proposées par le Comité aux approbations du ministre.

Ces prix étaient décernés solennellement à l'issue des séances de la Sorbonne. Plus tard, on créa des prix de 1,000 fr. à distribuer, dans le ressort de chaque Académie, le jour de la séance solennelle de rentrée des facultés : « au mémoire ou à l'ouvrage jugé le meilleur sur quelque point d'archéologie, d'histoire politique et littéraire, ou de science intéressant les provinces comprises dans le ressort académique (1). »

C'était complet ; le résultat ne pouvait se faire attendre. M. X. Charmes le constate. « Tout ce système de prix était regrettable... Pour échapper au joug pédagogique auquel on voulait les soumettre, les Sociétés préféraient renoncer à la direction morale et à l'appui du Comité (2)... »

Aussi ces combinaisons furent-elles inefficaces pour rien produire de sérieux.

En 1871, M. J. Simon arrivait au ministère de l'Instruction publique et reconnaissait que ce système d'intervention de l'État dans les travaux de l'intelligence était chose délicate, qu'elle devait avant tout ne pas entraver la liberté des hommes de science et ne pas éteindre ou gêner en eux l'esprit d'initiative (3) : le Comité reçut alors les modifications successives que nous avons précisées.

Le grand moyen d'action est toujours son *Bulletin* qui remplace définitivement la *Revue des Sociétés savantes*. Divisé en autant de parties que le Comité a de sections, il publie, à côté de l'analyse des travaux des Sociétés savantes, « qui doit toujours en être une partie essentielle (4) », les documents envoyés par les

(1) P. CLXX.
(2) P. CLXX.
(3) T. II, p. 246.
(4) P. CLXXVIII.

correspondants, les rapports et discussions auxquels ils donnent lieu et le procès-verbal des séances des sections.

M. Charmes fait des vœux pour que la publication trimestrielle du *Bulletin* devienne mensuelle, et ce vœu n'a rien d'exagéré, si l'on désire que cette publication soit en rapport avec les services qu'elle est appelée à rendre et aux obligations auxquelles elle doit satisfaire.

Les sections d'archéologie et d'histoire font en plus paraître un *Répertoire des travaux historiques*, qui contient l'analyse de tout ce qui se publie, tant chez nous qu'à l'étranger, sur l'histoire et l'archéologie de la France.

M. Charmes précise ensuite la physionomie nouvelle donnée depuis 1881, et sur l'initiative de M. J. Ferry, aux réunions annuelles de la Sorbonne, d'abord par l'appel adressé aux Sociétés savantes de Paris, ensuite par l'indication d'un programme de travaux « qui ne permettent pas aux discussions de s'égarer, mais qui les retiennent sur des objets précis, sérieux et utiles à tous (1). « Bien que M. Charmes insiste sur les conditions dans lesquelles ce programme est tracé, après appel adressé aux Sociétés savantes et avis demandé à chacune d'elles ; bien qu'il constate, en le qualifiant de « signe médiocre de supériorité », le dédain que les savants de Paris affecteraient pour les efforts qui se font dans les départements, j'ai grand peur que les deux in-

(1) P. CLXXI.

novations auxquelles M. Charmes n'adresse que des éloges, ne stérilisent complètement cette fleur d'initiative et de spontanéité qui fait peut-être après tout le seul mérite des Sociétés savantes de province. Ce serait se faire illusion que de croire, comme il le dit gracieusement à leurs membres, qu'il ne leur manque, « pour remplir tout leur mérite », que d'avoir à leur disposition de meilleurs instruments et de recevoir une direction éclairée. Ne faut-il pas plutôt l'attribuer aux conditions dans lesquelles se produisent les travaux des Sociétés? Les recherches archéologiques, historiques, scientifiques ou littéraires ne sont, pour la plupart de leurs membres, qu'une distraction de l'esprit, un prélèvement fait sur les exigences de la vie du monde ou les nécessités professionnelles; aussi ne peuvent-elles avoir la profondeur et l'étendue qu'elles recevraient si elles étaient l'objet unique de la vie de leurs auteurs. Il faut donc les prendre pour ce qu'elles sont, s'en féliciter quand des qualités heureuses de jugement et de style appliquées à la mise en œuvre de documents originaux, fortuitement découverts, leur permet de mettre en lumière un fait historique ou scientifique intéressant et nouveau, mais leur laisser avant tout le mérite de la spontanéité. C'est le seul, d'ailleurs, qui se concilie avec les conditions dans lesquelles travaillent la plupart des membres des Sociétés savantes de province.

III

La dernière partie du travail si complet que nous examinons a pour but de réunir les documents justificatifs de l'œuvre accomplie par le Comité, et de préciser les œuvres éditées dans les grandes collections dont il dirige la publication. On trouve, dans ces documents, les différents rapports adressés au roi par M. Guizot et M. de Salvandy; les notices faites par différents membres du Comité sur les travaux des sections d'histoire, d'archéologie ou de sciences; parmi lesquelles celles de M. Léopold Delisle, sur les travaux et les publications de la section d'histoire, de MM. Léon Renier et Robert de Lasteyrie, sur ceux de la section d'archéologie; la science non plus n'y est pas oubliée et notre incompétence seule nous fait passer vite sur cette partie de l'œuvre du Comité.

Ce que M. Charmes tient à bien faire ressortir, c'est que l'on doit au Comité « la réorganisation ou plutôt l'organisation de nos archives et de nos bibliothèques laissées par la Révolution... dans un désordre... dans un chaos indescriptible », le classement des archives et la rédaction de leur inventaire.

Peut-être même faut-il lui attribuer le mérite d'avoir rendu accessibles au public les archives des ministères; mais l'auteur insiste sur les inventaires de nos richesses archéologiques. Nous avons résumé à cet égard ce qui avait été tenté en 1818 par l'Académie des inscriptions; plus tard, par l'inspection des monuments historiques, créée en 1831 près du ministère des travaux publics, et dont le premier titulaire fut un Normand, M. Vitet, et enfin par le Comité des arts et des monuments, auquel la Commission des monuments historiques, rattachée au ministère de l'Intérieur, puis au ministère des Beaux-Arts, vint faire une utile concurrence.

L'auteur glisse sur les inconvénients de cette dualité d'action, qui eût pu facilement être évitée, pour n'en voir que les avantages.

Créée par arrêté du 29 septembre 1837, cette Commission eut sa vie propre. M. Charmes essaie de distinguer ses attributions de celles du Comité qui fonctionnait auprès du ministère de l'Instruction publique. « Le ministère de l'Intérieur poursuivait un but pratique et non, comme le Comité, un but scientifique (1) ». Toutefois, n'est-il pas permis de voir un reproche dans cette tendance aux restaurations, qui caractérisa l'œuvre de la Commission des monuments historiques, où les architectes jouaient un rôle prépondérant? Le Comité, lui, resta toujours fidèle au principe contraire. « En fait de monuments délabrés, il vaut mieux consolider que réparer, mieux réparer que restaurer, mieux restaurer qu'embellir ». M. Charmes voudrait même qu'on ne fît jamais que consolider. « Toute réparation, dit-il, est fatalement, en effet, une restauration, et toute restauration est non moins fatalement ce qu'on appelle un embellissement, c'est-à-dire une trahison (2) ».

(1) P. CXCV.
(2) CXCVIII.

M. Charmes s'étudie à justifier le fonctionnement simultané de ces deux organes, se continuant, dit-il, sans heurts ni froissements, mais non sans une certaine confusion dans l'esprit des savants de province. Il fallut une circulaire du 29 décembre 1838 pour essayer de faire la lumière.

Le rôle du Comité se réduisait, par la force des choses, à un rôle d'instigateur. C'était le ministère de l'Intérieur qui exécutait sous son inspiration.

M. Charmes le constate pour l'organisation des archives, pour l'inventaire et la nomenclature des monuments constatés dans les répertoires archéologiques, comme pour l'histoire de la musique et l'histoire complète de l'art en France.

A ce point de vue, il a jugé utile d'insérer, dans son vaste recueil, un certain nombre des instructions adressées par les sections du Comité aux correspondants de province, aussi intéressantes, à titre de document historique, qu'à raison de leur valeur scientifique incontestable, et qui, à l'heure actuelle, sur un grand nombre de points, n'a pas encore été dépassée.

Il en est de même des instructions archéologiques rédigées par MM. Lenoir et Mérimée.

M. Charmes insiste sur ce que l'on doit à l'initiative du Comité en ce qui concerne un point spécial, l'histoire de la musique. Depuis l'arrêté du 10 avril 1837, qui chargeait M. d'Ortigue de réunir les matériaux concernant l'état de la musique au moyen âge, en passant par les instructions sur la musique ancienne, rédigées par M. de Bottée de Toulmon, en 1839, pour en arriver au plan d'instructions rédigé par M. de Coussemaker, en 1856.

Il rappelle l'un des plus précieux moyens d'investigation employés par le Comité pour obtenir le concours des savants de province, nous voulons dire la voie des enquêtes. Inaugurée pour l'*Histoire du Tiers-État*, que la mort d'Augustin Thierry a laissée inachevée, elle a produit la communication de 44 volumes de copies de documents précieux et 46 boîtes de fiches. De même l'enquête sur les poésies populaires, ouverte par M. Fortoul, et celle ordonnée, en 1856, par le même ministre, pour préparer le *Recueil des inscriptions de la Gaule et de la France*. De même enfin celle actuellement commencée pour la publication des documents inédits relatifs aux États-Généraux, et dont la mise en œuvre est confiée au talent éprouvé du savant historien des *États-Généraux*, M. Georges Picot.

Il restait à démontrer l'action du Comité sur les Sociétés savantes de France et les services qu'il leur rendait. M. Charmes rappelle la *Bibliographie des Sociétés savantes de la France*, dressée, en 1878, par M. Ulysse Robert, et continuée par M. Eugène Le Fèvre-Pontalis, et celle dont le premier fascicule a paru en 1885, due aux patientes investigations de M. Robert de Lasteyrie, et qui embrasse toute la partie historique et archéologique. La partie scientifique sera commencée à son tour, et cependant l'auteur est obligé de constater que, malgré tous ces efforts, les relations entre le ministère et les Sociétés sont « devenues moins étroites, moins fréquentes, presque insuffisantes (1) ».

Les procédés qu'il indique suffiront-ils à vaincre cette froideur? Les horizons indéfinis qu'il ouvre aux travaux des Sociétés savantes de province sont-ils plus dans leurs aptitudes que le cercle plus étroit des « principes indigènes à féconder », où Jouffroy semblait, en 1836, vouloir les cantonner. Toutes ces questions, Messieurs, vous sauriez y répondre beaucoup mieux que je ne le pourrais moi-même; disons seulement l'intérêt avec lequel nous avons suivi les développements donnés par M. Charmes à sa vaste enquête, et faisons des vœux pour que le Comité soit toujours à la hauteur de sa tâche, dans le nouveau domaine sur lequel il prétend exercer son action. Moreau ne songeait qu'aux chartes, et tout au plus aux rapports de l'histoire et de l'administration; M. Guizot a embrassé, dans son programme, toutes les branches de l'histoire; ses successeurs ont étendu le leur à la science entière (2). C'est bien vaste, peut-être, et le rôle eût été suffisant, s'il eut été restreint au domaine de l'archéologie et de l'histoire nationales. De même pour nous, Messieurs, j'estime qu'il sera toujours sage de s'en tenir au programme que Jouffroy traçait, en 1836, à l'Académie de Besançon : « L'art des Académies de province est de dégager, dans la recherche générale de la vérité, les recherches particulières qui touchent spécialement la province, ou dont la province seule possède les éléments... Toute Aca-

(1) CCXIX.
(2) CCXXV.

démie locale qui saura se faire ainsi sa part la gardera. On ne demandera pas à quoi elle est bonne, on le saura. La province, interrogée sur sa littérature, sur son histoire, sur sa géographie, sur sa statistique, sur ses souvenirs et ses espérances, sur sa gloire et ses infortunes, sur tout ce qui la touche, sur tout ce qu'elle sait et qu'elle peut savoir, répondra juste, et le corps de ses réponses deviendra : pour la Société qui les a formulées, un monument glorieux ; pour les sciences, un document original; pour la province, une source abondante de poésie, de patriotisme, de lumière et de vie (1) ».

Ce sera ma conclusion. Ce programme, si restreint qu'il paraisse, a, ce me semble, encore de quoi satisfaire nos légitimes ambitions, et l'Académie de Rouen peut s'honorer d'y avoir toujours été fidèle.

(1) CCXXI.

www.ingramcontent.com/pod-product-compliance
Lightning Source LLC
La Vergne TN
LVHW012020160826
845678LV00002B/936
* 9 7 8 2 3 2 9 6 5 9 2 1 3 *